AF293104

FSC
www.fsc.org
MIX
Papier aus ver-
antwortungsvollen
Quellen
Paper from
responsible sources
FSC® C105338

Liv Anders

GefühlsEcht

Impressum

**Bibliografische Information der Deutschen National-
bibliothek:**
Die Deutsche Nationalbibliothek verzeichnet diese
Publikation in der Deutschen Nationalbibliografie;
detaillierte bibliografische Daten sind im Internet
über http://dnb.dnb.de abrufbar.

@livanders_autorin

livanders@web.de

Verlag: BoD · Books on Demand GmbH, In de Tarpen 42,
22848 Norderstedt, bod@bod.de
Druck: Libri Plureos GmbH, Friedensallee 273,
22763 Hamburg
ISBN: 978-3-7693-6782-9

Widmung

Für alle, die zu viel fühlen. Für die, die lieben, auch wenn es weh tut. Für die, die immer wieder aufstehen, egal wie oft sie gefallen sind.

Und für die, die geblieben sind – die mich gehalten haben, als ich mich selbst nicht halten konnte.

Ihr seid meine Heimat.

Intro

Es gibt Worte, die bleiben. Geschichten, die sich in unser Herz brennen, weil sie das Leben spiegeln, so wie es ist: ungeschönt, roh, voller Liebe und Schmerz zugleich. "Gefühlsecht" ist genau das – ein Sammelsurium von Gedanken, Erinnerungen und Momenten, die mich geprägt haben. Einige sind meine, andere haben sich mir zugetragen, doch sie alle tragen einen Funken Wahrheit in sich.

Dieses Buch ist für all jene, die lieben, die verloren haben, die zweifeln und trotzdem weitermachen.

Inhaltsverzeichnis

Das letzte Weihnachten 

Man sagt, Weihnachten sei eine Zeit des Lichts, der Wärme und der Familie. Doch jenes Weihnachten im Jahr 2017 war anders. Es war durchzogen von einer tiefen Stille, von einem Gefühl, das ich damals nicht in Worte fassen konnte. Als wir zusammensaßen, wusste ich, dass es das letzte Mal sein würde.

Oma war immer der Mittelpunkt unserer Familie – diejenige, die mit ihrer Ruhe und Weisheit alle zusammenhielt. Doch in diesem Jahr war sie so schwach, so zerbrechlich. Ihr Lächeln war da, aber es war blass, und ihre Augen wirkten müde. Ich erinnere mich, wie sie meine Hand hielt, ihre Finger so leicht und doch fest, als wollte sie mir noch etwas mitgeben, das über Worte hinausging.

Am Morgen des 25. Dezembers dann die Gewissheit. Ich erinnere mich an den Moment, als ich auf die Uhr sah. 12:50 Uhr. Meine Geburtszeit. Es war, als hätte sie auf diesen Moment gewartet, als wollte sie mir sagen: „Ich gehe, aber ein Teil von mir bleibt immer bei dir."

Dieses Weihnachten hat mir gezeigt, wie vergänglich das Leben ist, wie kostbar die Zeit mit unseren Liebsten. Aber es hat mir auch gezeigt, wie stark Liebe ist – stärker als der Tod, stärker als die Zeit.

Jetzt, jedes Jahr zu Weihnachten, denke ich an sie. An ihre Geschichten, ihr Lachen, ihre Art, die Welt zu sehen. Und ich erinnere mich daran, dass sie genau zu dem Zeitpunkt gegangen ist, an dem ich in dieses Leben gekommen bin. Es fühlt sich an, als hätte sie mir ihr Vermächtnis übergeben: die Liebe, die sie für uns alle getragen hat, weiterzugeben.

Oma, du fehlst. Aber du bist immer bei mir – in meinen Gedanken, in meinem Herzen, in der Wärme, die ich spüre, wenn ich an dich denke. Und jedes Jahr, genau um 12:50 Uhr, schicke ich dir einen stillen Gruß: Danke, dass du da warst. Danke, dass du immer noch bist.

Für Oma. Du fehlst. 💀

Das verflixte siebte Jahr. Sieben Jahre ist es her, seit du nicht mehr hier bist. Sieben Sommer, sieben Winter, sieben Frühlinge und sieben Herbste.

Dinge, die passiert sind, seit du weg bist? Ich habe einen neuen Job, wohne in einer neuen Stadt. Du durftest meinen Ex-Freund nicht mehr kennenlernen, auch wenn ich glaube, dass du ihn gemocht hättest. Corona – eine dreijährige Pandemie, die uns alle an unsere Grenzen gebracht hat. Der Israel-Palästina-Konflikt, Olaf Scholz als Bundeskanzler und der Angriffskrieg von Russland auf die Ukraine. So vieles, über das ich gerne mit dir gesprochen hätte.

Zeit ist etwas Merkwürdiges. Wer jung ist, so wie ich, macht sich darüber wenig Gedanken. Wer alt oder krank ist und nicht mehr viel Zeit hat, macht sich darüber umso mehr Gedanken. Angeblich heilt Zeit alle Wunden. Ich würde es gerne glauben, aber es fällt mir immer schwerer – auch nach sieben Jahren.

Sechs Jahre 🩶

Sechs Jahre warst du ein Teil meines Lebens. Sechs Sommer, sechs Winter. Der Stuhl neben mir war immer besetzt – durch dich.

Und dann, plötzlich, wolltest du das Leben, von dem wir so oft gemeinsam geträumt haben, nicht mehr. Eines Abends, es war der 25. Mai, war der Stuhl neben mir wieder unbesetzt. Leer und grau. Seitdem sitzt dort manchmal jemand – aber keiner wollte nach dir dort dauerhaft Platz nehmen. Warum nur?

Manchmal ist das Leben so merkwürdig. Es macht mir Angst, weil es Veränderung bedeutet. Und Veränderung ist etwas, das ich viel zu oft ertragen musste. Doch ich weiß, du hättest nicht auf diesem Stuhl bleiben können – nicht für mich, aber auch nicht für dich. Es ist besser so, wie es ist.

Trotzdem vermisse ich manchmal deine Wärme. Vermisse den Menschen, der du warst, bevor deine Krankheit dich mir genommen hat. Aber es ist besser so.

Meine erste Liebe

Meine erste Liebe Ich war jung, voller Hoffnung und völlig ahnungslos, was Liebe wirklich bedeuten sollte. Du warst charmant, aufregend und so anders als alles, was ich kannte. Du hast mir das Gefühl gegeben, besonders zu sein, und ich habe dir mein ganzes Herz gegeben – ohne zu ahnen, dass ich es bald Stück für Stück zurückfordern müsste.

Am Anfang fühlte es sich wie ein Märchen an. Du hast mir die schönsten Worte gesagt, mich in den Himmel gelobt, und ich habe geglaubt, dass ich in dir meine große Liebe gefunden habe. Doch hinter den Worten war etwas Dunkles, das ich nicht gleich erkennen konnte. Deine Liebe war nie bedingungslos, sie kam mit Regeln, mit Erwartungen, die ich nie ganz erfüllen konnte. Es war ein ständiges Auf und Ab. Ein Moment der Nähe, des Glücks, und dann wieder Tage, an denen ich mich klein und unzulänglich fühlte.

Du hast mich kritisiert, hast an mir gezweifelt, mich manipuliert, ohne dass ich es verstand. Und doch bin ich geblieben – weil ich dachte, das sei Liebe. Ich dachte, Liebe müsse schwer sein, ein ständiger Kampf, ein Aufopfern für den anderen. Mit der Zeit verlor ich mich selbst. Ich wusste nicht mehr, wer ich war, was ich wollte, oder ob ich überhaupt liebenswert war. Du hast mich gelehrt, mich selbst zu hinterfragen, und ich habe nie gemerkt, dass das genau das war, was dich stark machte und mich schwach. Es hat Jahre gedauert, bis ich erkannte, dass das, was wir hatten, nicht Liebe war.

Liebe sollte nicht verletzen, sie sollte nicht fordern, sie sollte nicht brechen. Wahre Liebe sollte heilen, aufbauen und Raum für Wachstum geben. Aber das wusste ich damals nicht. Nach dir war ich verloren. Ich wusste nicht, wie Liebe aussehen, wie sie sich anfühlen sollte. Ich suchte sie an den falschen Orten, bei den falschen Menschen, weil ich glaubte, dass ich nicht genug sei, um etwas Besseres zu verdienen. Doch irgendwann, nach all den Jahren, lernte ich etwas Entscheidendes: Wahre Liebe beginnt bei mir selbst.

Sie ist nicht das, was ich von anderen erwarte, sondern das, was ich mir selbst geben kann. Ich musste mich selbst lieben lernen, bevor ich erkennen konnte, wie echte Liebe aussieht – ruhig, geduldig, frei von Schmerz. Meine erste Liebe hat mich zerstört, aber sie hat mir auch gezeigt, wie ich wieder aufstehen kann. Und dafür, so schmerzhaft es auch war, bin ich heute dankbar. Denn ohne dich wüsste ich nicht, wie wertvoll die echte Liebe ist, wenn sie eines Tages kommt.

Wir – ein Wir, das keins ist. 🖤

Nicht zusammen, aber auch nicht getrennt.
Ein Tanz auf der Linie zwischen Nähe und Distanz,
ohne zu wissen, auf welcher Seite wir eigentlich ste-
hen.

Du suchst die Wärme, hältst meine Hand,
sprichst von Plänen, von Träumen, von einem Mor-
gen,
aber nie von einem „uns".
Deine Worte malen Bilder von Zukunft,
doch die Rahmen bleiben leer.

Ich spüre dich so nah,
in jeder Umarmung, jedem Lächeln, jedem Blick.
Doch sobald ich nach deiner Hand greife,
scheint sie ein wenig zu entgleiten.

Wir lachen, wir reden, wir kuscheln –
als wären wir eins.
Doch zwischen uns bleibt ein Schatten,
etwas Ungesagtes, ein leiser Zweifel,
der in den Momenten der Stille laut wird.

Ich will bleiben, will gehen, will verstehen.
Doch am Ende stehe ich da,
auf dem Bahnsteig deiner gemischten Signale,
während du immer wieder ein- und aussteigst.

Nicht ohne dich.
Aber auch nicht mit dir.
Nicht wir, nicht ich,
nur ein Niemandsland dazwischen.

Mixed Signals 🖤 🖤

Ich will nicht ständig interpretieren müssen.
Deine Worte sagen etwas,
deine Taten etwas anderes.
Und am Ende bleibe ich mit Fragen zurück,
die ich nicht laut stellen darf.

Du schickst mir Bilder von deinem Alltag,
erzählst von Plänen,
und ich fühle mich wie ein Teil davon.
Aber dann ziehst du dich zurück, wirst still,
und ich frage mich,
ob ich überhaupt jemals wirklich dazugehört habe.

Manchmal bist du so warm, so nah,
dass ich denke, wir könnten etwas Echtes auf-
bauen.
Dann wieder bist du kühl, verschlossen,
und ich spüre, wie meine Hoffnung zu zerbröseln
beginnt.

Es ist wie ein Tanz auf dünnem Eis –
einen Schritt nach vorne, zwei Schritte zurück.
Ich weiß nicht, ob ich es wagen soll, stehen zu blei-
ben,
oder ob ich weitergehen muss, um nicht einzubre-
chen.

Du sagst, du brauchst Zeit,
du willst nichts überstürzen.
Aber wie lange kann ich in dieser Ungewissheit le-
ben?

Ich will keine halben Sachen,
keine halben Wahrheiten,
kein „vielleicht irgendwann".

Ich will dich – ganz oder gar nicht.
Aber vielleicht ist das schon die Antwort,
die du mir nie direkt geben wirst:
Du willst mich nicht genug.

Zwischen Nähe und Zweifel 🚂

Wir sind ein Widerspruch. Ein ständiges Hin und Her zwischen Vertrautheit und Distanz, zwischen dem Wunsch nach Nähe und der Angst vor Verpflichtung. Manchmal bist du mir so nah, dass ich glaube, dich greifen zu können, und dann wieder bist du weit weg, als wärst du nur ein Schatten, der sich entzieht, sobald ich mich ihm nähere. Du suchst meine Nähe, berührst mich, hältst mich fest, als würdest du genau wissen, dass ich in diesen Momenten nichts anderes brauche. Und doch bleiben deine Worte oft zurückhaltend, zögerlich, fast so, als würdest du dich nicht trauen, sie mit dem gleichen Gewicht zu füllen wie deine Gesten.

Manchmal sehe ich in deinen Augen, dass du mich fühlst. Dass du mich willst, nicht nur körperlich, sondern in einer Weise, die tiefer geht. Doch dann sind da wieder diese Momente, in denen du dich zurückziehst, in denen deine Worte wie leere Hülsen wirken, und ich frage mich, ob ich zu viel erwarte oder ob du zu wenig gibst.

Ich weiß, dass du mit dir selbst ringst. Dass du dir noch nicht sicher bist, wohin dieser Weg für dich führen soll. Und ich will dir Zeit geben, will geduldig sein, weil ich spüre, dass da etwas ist, das sich lohnt. Aber manchmal frage ich mich, ob ich mich dabei selbst verliere.

Mit dir ist es leicht, sich zu vergessen. Wir lachen, albern herum, liegen beieinander, als gäbe es keinen besseren Ort auf der Welt. Doch wenn wir nicht zusammen sind, bleibt oft diese Unsicherheit. Du bist so gut darin, gemischte Signale zu senden – eine Einladung, die nie ganz ausgesprochen wird, und ich stehe dazwischen, zwischen dem, was ist, und dem, was vielleicht sein könnte.

Ich weiß, dass ich nicht ewig warten kann. Dass ich nicht ewig an diesem Bahnsteig stehen kann, während der Zug vor mir immer wieder anhält und doch nie ganz einsteigt. Aber ich weiß auch, dass das Gefühl, das wir teilen, etwas Besonderes ist.

Vielleicht finden wir irgendwann den Mut, wirklich zu sagen, was wir fühlen. Vielleicht erkennst du, dass ich mehr bin als eine Zwischenstation, und ich erkenne, dass ich es verdient habe, jemanden an meiner Seite zu haben, der es wagt, wirklich zu bleiben. Bis dahin bleibe ich – noch ein bisschen länger. Denn irgendetwas sagt mir, dass du es wert bist, auch wenn du es selbst noch nicht ganz weißt.

Der Wunsch nach 💕

Ich sehne mich nach einem Zuhause.
Nicht aus vier Wänden und einem Dach,
sondern nach einem Menschen,
bei dem ich mich sicher fühlen kann.

Jemandem, der bleibt, wenn es schwierig wird,
der nicht wegrennt, wenn ich verletzlich bin.

Ich habe genug von Spielen,
genug von halben Wahrheiten und leeren Verspre-
chen.
Ich will jemanden, der mich ansieht und sagt:
„Ich bleibe. Egal was kommt."

Ich will einen Ort,
an dem ich meine Mauern fallen lassen kann,
an dem ich nicht immer stark sein muss.

Es gibt Tage, an denen ich denke,
dass ich zu viel verlange.
Dass Liebe so einfach nicht funktioniert.
Dass ich mich mit weniger zufriedengeben muss.

Aber dann erinnere ich mich daran,
dass ich es verdient habe, geliebt zu werden –
ganz und gar, mit all meinen Fehlern und Unsicher-
heiten.

Vielleicht ist es naiv,
an diese Art von Liebe zu glauben.
Aber was bleibt, wenn wir nicht hoffen?

Ich werde warten, solange es nötig ist,
und darauf vertrauen,
dass irgendwo jemand wartet,
der genauso nach mir sucht, wie ich nach ihm.

23

Für die, die mich gerettet hat

Es gibt Menschen, die kommen in dein Leben und verändern alles – nicht, weil sie es müssen, sondern einfach, weil sie da sind. Du warst dieser Mensch für mich. Du hast mich gerettet, als ich dachte, es gäbe keinen Weg mehr aus diesem Abgrund, in den ich gefallen war.

Als er nach sechs Jahren ging, fühlte ich mich verloren. Es war, als hätte jemand den Boden unter meinen Füßen weggezogen, und ich stand vor dem Nichts – ohne Plan, ohne Hoffnung, ohne einen Funken von dem Selbst, das ich früher einmal war. Alles fühlte sich leer an, als hätte das Leben jede Farbe verloren.

Und dann warst du da. Mit deinem Lachen, deiner Stärke, deiner Energie, die wie ein warmer Lichtstrahl durch meine Dunkelheit brach. Du hast mir nicht gesagt, dass alles gut wird. Du hast mir keine leeren Versprechen gemacht oder versucht, die Wunden zu heilen, die ich nicht einmal selbst verstanden habe. Stattdessen hast du mich mitgenommen – ins Leben, in den Alltag, in Momente, die plötzlich wieder Bedeutung bekamen.

Du wusstest nicht, wie tief ich gefallen war, und vielleicht war das genau das, was ich brauchte. Du hast mich nicht bemitleidet, du hast mich nicht behandelt, als wäre ich zerbrochen. Du hast mich einfach so akzeptiert, wie ich war – ein Chaos aus Trauer, Wut und Unsicherheit. Und mit jedem Gespräch, jedem Treffen, jedem Moment mit dir begann ich, mich selbst wiederzufinden.

Ich glaube, du weißt bis heute nicht, was du für mich getan hast. Wie du mich gerettet hast, ohne es zu merken. Wie du mich daran erinnert hast, dass es noch Leben gibt, auch wenn ich dachte, ich hätte alles verloren.

Manchmal frage ich mich, ob ich dir das jemals sagen sollte. Ob du wissen solltest, dass du meine Rettung warst, als ich selbst keinen Weg mehr sah. Aber vielleicht reicht es, dass ich es weiß – dass ich dir unendlich dankbar bin für alles, was du bist, ohne es je bewusst getan zu haben.

Du bist für mich ein leiser Held. Jemand, der mit seiner bloßen Existenz Leben verändert, ohne es zu bemerken. Und ich wünsche dir, dass du all die Liebe und das Licht, das du in mein Leben gebracht hast, in deinem eigenen Leben wiederfindest. Danke, dass du da warst – und immer noch bist.

Du und ich 😊

Wir sind nicht eins, aber auch nicht zwei.
Zeichen von Nähe, doch keine echte Verpflichtung.
Du sagst, du bist gerne allein und das schon lange.
Ausschließen willst du eine Zukunft mit mir nicht,
doch du machst auch keine Versprechungen.

Du sendest gemischte Signale,
und ich bleibe dabei auf der Strecke.
Wie ein Zug, der in Zeitlupe an mir vorbeifährt.
Einsteigen kann ich nicht,
aber am Bahnsteig stehen bleiben will ich auch
nicht.

Es geht nicht vor und nicht zurück.
Nicht ohne dich, aber wohl auch nicht mit dir.
Du willst mich in deinem Leben,
weil es sich gut anfühlt,
aber sein darf ich dann doch nur der Schatten ne-
ben dir.

Und neben dir stehe ich immer so neben mir.
Das steht mir nicht.

Aber am Ende bleibt ja doch alles, wie es war:
Wir sind nicht eins, aber zwei sind wir auch nicht.

Der erste Liebeskummer 🩶

Es fühlte sich an, als würde die Welt unter mir zerbrechen. Ich war nicht vorbereitet auf diesen Schmerz, der so tief in mir brannte, dass ich kaum atmen konnte. Man sagt, der erste Liebeskummer sei der schlimmste, und ich glaube, das stimmt. Es war, als hätte jemand einen Teil von mir herausgerissen, und ich wusste nicht, wie ich je wieder ganz werden sollte.

Ich erinnere mich noch genau an die Momente danach: die endlosen Nächte, in denen ich an die Decke starrte, meinen Kopf voller Fragen, auf die ich nie eine Antwort bekommen würde. „Warum hat es nicht gereicht?" „Warum hat er mich nicht genug geliebt?" Ich suchte den Fehler bei mir, wieder und wieder, bis ich nichts mehr fühlte außer Leere.

Jedes Lied, jeder Ort, jede Erinnerung war ein Stich ins Herz. Es war, als hätte die Welt sich gegen mich verschworen, um mich immer wieder daran zu erinnern, was ich verloren hatte. Ich wusste, dass die Zeit alles heilen sollte, aber in diesen Momenten fühlte es sich an, als würde die Zeit stehen bleiben – unerbittlich und gnadenlos.

Doch irgendwann, ganz leise, kam die Erkenntnis. Dass es nicht daran lag, dass ich nicht genug war. Dass ich nicht weniger wert war, nur weil er mich nicht mehr wollte. Es war ein langsamer Prozess, aber mit jedem Tag wurde der Schmerz etwas kleiner. Und heute? Heute denke ich an ihn zurück,

nicht ohne Wehmut, aber auch mit Dankbarkeit.
Denn er hat mir gezeigt, wie stark ich sein kann,
selbst wenn mein Herz in tausend Stücke zerbricht.

Der erste Liebeskummer – er hat mich geprägt, er
hat mich wachsen lassen. Und auch wenn ich ihn
nicht wieder erleben will, bin ich heute ein Stück
mehr ich selbst wegen ihm.

Der Narzisst 🖤

Ich dachte, ich hätte die Liebe gefunden, als ich dich traf. Du warst charmant, aufmerksam, voller Versprechen. Du hast mich angesehen, als wäre ich das Einzige, was zählt. Und ich habe dir geglaubt.

Doch hinter deinem Lächeln war eine Dunkelheit, die ich erst spät erkannte. Deine Worte, die anfangs wie Komplimente klangen, wurden mit der Zeit zu Stichen. Du hast mir eingeredet, dass ich nicht gut genug sei, dass niemand mich je so lieben könnte wie du. Und ich habe dir geglaubt.

Deine Wut war unberechenbar. Ein falsches Wort, ein falscher Blick, und du explodiertest. Manchmal in Worten, manchmal in Schweigen, das mich mehr verletzte als jeder Schrei. Du hast mich zerbrochen, Stück für Stück, und ich dachte, es wäre meine Schuld. Dass ich dich provoziert hätte, dass ich nicht genug sei.

Aber dann, eines Tages, war da ein Funke in mir. Ein leises Flüstern, das sagte: „Das bist nicht du. Das ist er." Und ich bin gegangen. Nicht ohne Angst, nicht ohne Narben, aber mit der Hoffnung, dass irgendwo da draußen eine Liebe existiert, die heilt, statt zu zerstören.

Die 13. Klasse

Die Worte haben nie laut geklungen, aber sie waren wie Nadelstiche. „Will die jetzt echt noch was sagen?" „Als ob sie jemand interessiert." Und dann diese Blicke, die mir mehr sagten als Worte je könnten: Du gehörst nicht dazu.

Die 13. Klasse sollte der Anfang von allem sein – die letzten Monate vor der Freiheit, vor dem Leben, das wirklich zählt. Doch für mich war sie ein Minenfeld. Ich habe nie verstanden, warum gerade ich. War ich zu laut, zu still, zu anders?

Ich habe versucht, unsichtbar zu werden, aber selbst dann fanden sie mich. Ein abfälliger Kommentar im Flur, ein leises Lachen hinter meinem Rücken, ein bewusstes Ignorieren im Gruppenprojekt. Es ist erstaunlich, wie viel Kraft es kostet, jeden Morgen aufzustehen und zu wissen, dass der Tag wieder ein Kampf wird.

Heute schaue ich zurück und frage mich, ob sie überhaupt noch wissen, was sie getan haben. Ob es für sie nur ein Spiel war, ein Zeitvertreib. Für mich war es eine Last, die ich noch lange mit mir herumgetragen habe. Aber vielleicht war es auch das, was mich stärker gemacht hat. Ich habe gelernt, für mich selbst einzustehen – auch wenn es damals unmöglich schien.

Der Weg zu mir selbst 💻

Als ich mein Studium begann, hatte ich so viele Fragen – über die Welt, über das Leben, über mich. Ich wusste nicht genau, wer ich war oder wohin ich wollte. Aber ich wusste, dass ich wachsen musste, auch wenn der Weg dorthin ungewiss war.

Die ersten Semester waren wie ein Sprung ins kalte Wasser. Neue Menschen, neue Themen, neue Herausforderungen. Es war aufregend, aber auch beängstigend. Es gab Tage, an denen ich mich so verloren fühlte – als würde ich nicht dazu gehören, als wäre ich die Einzige, die nicht wusste, was sie da eigentlich tat. Aber genau in diesem Chaos begann ich, mich selbst zu finden.

Ich habe gelernt, wie wichtig es ist, an sich selbst zu glauben, auch wenn es niemand anderes tut. Ich habe mich selbst überrascht – mit der Kraft, die ich aufbringen konnte, wenn es schwierig wurde, und mit der Neugier, die mich immer wieder antrieb, weiterzumachen.

Das Studium war nicht nur eine akademische Reise, sondern eine Reise zu mir selbst. Ich habe entdeckt, was mich begeistert, was mich antreibt, und auch, was mich manchmal zurückhält. Ich habe gelernt, mich meinen Ängsten zu stellen, meine Meinung zu vertreten und mich nicht mit weniger zufriedenzugeben, als ich verdiene.

Es war nicht immer leicht. Prüfungsstress, Selbstzweifel und das ständige Gefühl, alles auf einmal schaffen zu müssen, haben mich oft an meine Grenzen gebracht. Aber genau in diesen Momenten habe ich gelernt, wer ich wirklich bin – jemand, der nicht aufgibt, der kämpft, der wächst.

Heute sehe ich mein Studium nicht nur als eine Phase, in der ich viel Wissen gesammelt habe, sondern als die Zeit, in der ich gelernt habe, mich selbst zu lieben und meinen Platz in der Welt zu finden. Und auch wenn ich noch immer nicht auf alle Fragen eine Antwort habe, weiß ich jetzt, dass der Weg zu mir selbst niemals endet – und das ist in Ordnung.

Zeit und Verlust ⏰

Zeit heilt alle Wunden, sagt man. Aber was, wenn die Wunde so tief ist, dass die Zeit sie nicht erreicht?

Es gibt diese Momente, in denen die Welt stillzustehen scheint. Ein Telefonat, ein Satz, der alles verändert: „Es tut mir leid, aber sie hat es nicht geschafft." Und dann ist die Welt nicht mehr die gleiche.

Ich erinnere mich noch genau an den Moment, als mir bewusstwurde, dass Verlust nichts ist, was man jemals wirklich versteht. Man lebt damit, wie mit einer Narbe, die zwar verblasst, aber nie ganz verschwindet. Man lacht wieder, man lebt weiter, aber ein Teil von einem bleibt immer dort – in dem Moment, in dem alles zusammenbrach.

Manchmal frage ich mich, ob ich genug getan habe. Ob ich genug gesagt habe. Ob ich dir genug gezeigt habe, wie sehr ich dich geliebt habe, bevor du gegangen bist. Und dann erinnere ich mich daran, dass Liebe vielleicht nicht immer ausgesprochen werden muss. Dass sie in den kleinen Momenten lebt, in einem Lächeln, in einer Berührung, in einem einfachen „Ich bin hier."

Zeit heilt nicht alles. Aber sie hilft, die Lücke erträglicher zu machen. Und vielleicht ist das das Einzige, was wir von ihr erwarten können.

Sechs Jahre und ein Nichts 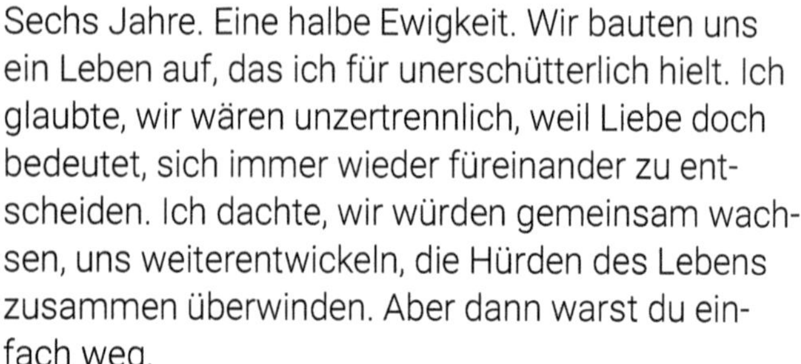

Sechs Jahre. Eine halbe Ewigkeit. Wir bauten uns ein Leben auf, das ich für unerschütterlich hielt. Ich glaubte, wir wären unzertrennlich, weil Liebe doch bedeutet, sich immer wieder füreinander zu entscheiden. Ich dachte, wir würden gemeinsam wachsen, uns weiterentwickeln, die Hürden des Lebens zusammen überwinden. Aber dann warst du einfach weg.

Von einem Tag auf den anderen stand ich in den Trümmern dessen, was einmal mein Zuhause war. Ein Zuhause, das nicht nur aus vier Wänden bestand, sondern aus Sicherheit, Vertrautheit, gemeinsamen Erinnerungen. Mit dir verlor ich nicht nur die Liebe meines Lebens – oder das, was ich dafürgehalten hatte – sondern auch meine Zuflucht. Plötzlich passte ich nicht mehr in dieses Leben, das ich mit dir aufgebaut hatte. Ich wurde hinausgeschoben, als wäre ich nie ein Teil davon gewesen.

Freundschaften zerbrachen mit uns. Menschen, die jahrelang zu unserem Leben gehörten, schienen nicht zu wissen, wie sie sich verhalten sollten. Manche entschieden sich für dich, andere fürs Schweigen. Und so war ich plötzlich nicht nur ohne dich, sondern auch ohne die Menschen, die mich all die Jahre begleitet hatten.

Ich irrte durch die Tage, wie ein Schatten meiner selbst. Ich wusste nicht mehr, wer ich war ohne dich, ohne unser Zuhause, ohne das Leben, das wir zusammen geschaffen hatten. Ich war verloren in einem Raum, den ich nicht mehr kannte, in einem Alltag, der mir fremd geworden war.

Die Nächte waren am schlimmsten. Die plötzliche Stille, in der ich vorher deine Atmung gehört hatte. Die Leere neben mir, wo du einmal gelegen hast. Ich habe mich gefragt, wie man jemanden so einfach aufgeben kann. Wie man von heute auf morgen entscheiden kann, dass all das, was war, nicht mehr genug ist. Dass ich nicht mehr genug bin.

Und doch stehe ich noch. Die Tage werden heller, die Nächte erträglicher. Ich sammle meine Scherben auf, auch wenn ich noch nicht weiß, was ich daraus bauen werde. Vielleicht kein neues Zuhause – nicht sofort. Aber vielleicht irgendwann wieder ein Leben, das sich nach mir selbst anfühlt. Ohne dich.

Zu viel sein

Manchmal denke ich, dass ich zu viel fühle. Dass ich in einer Welt, die oft kalt und distanziert wirkt, mit meinen Gedanken und Emotionen fehl am Platz bin. Es ist, als wäre mein Herz zu weit offen, meine Seele zu durchlässig für all die Eindrücke, die mich treffen. Ich spüre alles. Zu intensiv, zu tief, zu stark.

Ich habe Angst, dass meine Gefühle zu laut sind. Dass ich für andere Menschen eine Last bin, weil ich nicht einfach leicht sein kann, weil ich nicht unbeschwert genug bin. Ich hinterfrage, analysiere, zerdenke – immer auf der Suche nach Sicherheit, nach Halt, nach dem Versprechen, dass nichts und niemand mich einfach so verlässt. Doch dieses Versprechen gibt es nicht. Und genau das macht mir Angst.

Ich wünschte, ich könnte weniger fühlen. Weniger Angst haben, weniger hoffen, weniger brauchen. Doch ich bin, wie ich bin. Ein Mensch, der mit jeder Faser seines Wesens liebt, der sich nach Verbindung sehnt und doch immer fürchtet, dass sie nicht von Dauer ist. Dass alles vergeht, dass nichts bleibt, dass niemand bleibt.

Es gibt Tage, an denen mich meine eigenen Gefühle überwältigen. An denen sie mich so tief hinabziehen, dass ich nicht weiß, wie ich wieder nach oben komme. Und dann frage ich mich: Bin ich zu viel? Ist das der Grund, warum Menschen gehen? Warum ich immer wieder loslassen muss, obwohl ich doch nur festhalten will?

Vielleicht ist meine Art zu fühlen nicht falsch, sondern einfach anders. Vielleicht bin ich nicht zu viel, sondern einfach mehr, als manche Menschen tragen können. Vielleicht ist es meine Aufgabe, das zu akzeptieren, statt mich ständig zu verbiegen.

Aber manchmal, nur manchmal, wünschte ich, ich könnte weniger sein.

Freundschaft – mein Anker ⚓

Manchmal denke ich, dass Freundschaft das Einzige ist, was mich immer wieder auffängt. Wenn alles bricht, wenn das Leben mich ins Leere fallen lässt, sind es meine Freundinnen, die mich festhalten. Freundschaft ist kein Ersatz für Liebe, aber oft ist sie beständiger, ehrlicher, tiefer.

Ich habe Menschen verloren, die ich geliebt habe. Manche gingen leise, andere ließen mich in Stücken zurück. Und doch gab es immer diese eine Konstante: Freundschaft. Die Menschen, die geblieben sind, die mich aufgefangen haben, wenn ich selbst nicht mehr wusste, wo oben und unten ist. Die, die mich nicht gefragt haben, warum ich so viel fühle, sondern die mir zugehört haben, ohne zu urteilen.

Freundschaft ist ein Anker. Ein sicherer Hafen, wenn das Leben unruhig wird. Manchmal bin ich mir nicht sicher, ob ich genug zurückgebe, ob ich die Menschen, die mir so viel Halt geben, auch ausreichend wertschätze. Ich hoffe es. Denn ohne sie wäre ich oft verloren.

In den Momenten, in denen ich mich am meisten fürchte, nicht genug zu sein, sind es Freundinnen, die mir zeigen, dass ich genau richtig bin. Dass ich nicht zu viel bin. Dass meine Art zu fühlen kein Fehler ist, sondern eine Gabe, die in der richtigen Umgebung aufblüht.

Ich hoffe, dass ich für die Menschen, die mich lieben, das Gleiche sein kann: Ein Anker. Ein sicherer Hafen. Ein Zuhause.

Ein Mann zwischen Welten ⚓ 🌊

Er kam in mein Leben, als ich nicht mehr damit ge-
rechnet hatte. Ein Mensch, der auf dem Wasser zu
Hause ist, aber in mir eine Heimat zu suchen
schien. Ein Mann zwischen Welten. Zwischen An-
kommen und Aufbrechen, zwischen Nähe und Dis-
tanz. Er trug Geschichten in sich, die nicht an Land
geschrieben wurden, und ich war fasziniert von der
Freiheit, die ihn umgab.

Seine Worte waren mal ein Sturm, mal eine ruhige
Brise. Manchmal konnte ich sie greifen, manchmal
entglitten sie mir, als wären sie nie für mich be-
stimmt gewesen. Doch wenn er bei mir war, war er
ganz da. Seine Blicke legten sich wie Anker auf
meine Haut, seine Berührungen hatten das Gewicht
eines Versprechens – eines, das er vielleicht nie
aussprechen konnte.

Es gab Nächte, in denen wir lachten, als gäbe es nur
uns. Und Tage, an denen mich die Stille zwischen
seinen Nachrichten auffraß. Ich wusste, dass er
nicht bleiben konnte, dass sein Leben nicht für Be-
ständigkeit gemacht war. Und trotzdem ließ ich
mich auf ihn ein. Weil ich glaubte, dass Liebe
manchmal das Warten wert ist. Weil ich hoffte, dass
ich für ihn ein Zuhause sein könnte, das er irgend-
wann nicht mehr verlassen wollte.

Doch wie hält man jemanden fest, der immer unter-
wegs ist? Wie bleibt man Teil eines Lebens, das in
so vielen Häfen ankert? Ich suchte nach Antworten,

aber fand nur noch mehr Fragen. Und irgendwann musste ich erkennen: Manche Menschen kann man nicht halten. Man kann sie nur lieben, solange sie da sind.

Vielleicht bleibt er ein Echo in meinen Gedanken. Vielleicht wird er eines Tages zurückkehren, oder vielleicht verliert sich seine Spur in der Ferne. Doch was bleibt, ist die Erkenntnis: Ich habe es gewagt, zu fühlen. Und das allein macht die Geschichte wertvoll.

Das Leben 🌿

Das Leben ist ein ständiges Werden und Vergehen. Ein Kreislauf aus Anfang und Ende, aus Freude und Schmerz, aus Hoffnung und Enttäuschung. Es gibt uns keine Garantien, keine Landkarte, die uns zeigt, welchen Weg wir gehen sollen. Und trotzdem gehen wir – Schritt für Schritt, Tag für Tag.

Wir suchen nach Sinn, nach Zugehörigkeit, nach Momenten, die sich nach zuhause anfühlen. Manchmal finden wir sie in Menschen, manchmal in Orten, manchmal in einem flüchtigen Augenblick, der sich in unser Herz brennt. Und oft verlieren wir sie wieder, bevor wir ganz begreifen, was sie für uns bedeutet haben.

Das Leben ist nicht fair. Es nimmt uns Dinge, für die wir noch nicht bereit waren loszulassen, und schenkt uns manchmal das, woran wir schon lange nicht mehr geglaubt haben. Es ist unberechenbar, wild, zärtlich und grausam zugleich. Doch in all diesem Chaos liegt eine Wahrheit: Wir leben.

Wir fühlen, wir lieben, wir stolpern, wir stehen wieder auf. Wir lachen, weinen, verlieren uns, nur um uns irgendwann wiederzufinden. Das Leben fragt nicht, ob wir bereit sind, es zwingt uns einfach weiterzumachen. Und vielleicht ist das seine größte Lektion: Dass wir es nicht kontrollieren können, aber dass wir jeden Tag entscheiden können, wie wir damit umgehen.

Vielleicht geht es gar nicht darum, das perfekte Leben zu führen, sondern eines, das sich echt anfühlt. Eines, in dem wir Fehler machen dürfen, wachsen können und am Ende sagen können: Ich habe wirklich gelebt.

Die Liebe 🩶

Liebe ist nicht immer einfach. Sie fordert uns heraus, stellt uns auf die Probe und führt uns auf Wege, die wir nicht vorhersehen können. Manchmal ist sie sanft, ein leiser Windhauch, der uns wärmt und trägt. Und manchmal gleicht sie einem Sturm, der uns erschüttert, uns zweifeln lässt und uns zwingt, uns selbst und unsere Gefühle neu zu hinterfragen.

Doch trotz aller Schwierigkeiten ist sie das, was uns antreibt, was uns wachsen lässt, was unser Leben mit Farbe und Sinn füllt. Sie steckt in den leisen Momenten, die wir oft übersehen – in einem Blick voller Verständnis, in einer Umarmung, die länger dauert als nötig, in den leisen Worten, die genau im richtigen Augenblick gesprochen werden. Liebe zeigt sich nicht nur in großen Gesten, sondern in den kleinen Dingen, die uns spüren lassen, dass wir nicht allein sind.

Es lohnt sich, an sie zu glauben. Auch dann, wenn sie uns enttäuscht hat. Auch dann, wenn wir Angst haben, wieder zu fallen. Denn wer die Liebe aufgibt, gibt das Leben auf. Und solange wir lieben können, solange lohnt es sich, zu kämpfen.

Denn am Ende ist es immer die Liebe, die bleibt.

Selbstliebe & Selbstakzeptanz 

Lange Zeit habe ich gedacht, dass Selbstliebe bedeutet, sich selbst jeden Tag großartig zu finden, sich immer wohl in der eigenen Haut zu fühlen und nie an sich zu zweifeln. Doch mit der Zeit habe ich verstanden, dass es viel mehr ist als das. Selbstliebe bedeutet nicht Perfektion, sondern Akzeptanz. Es heißt, sich auch an den schlechten Tagen anzunehmen, in den Momenten, in denen man sich selbst kaum ausstehen kann. Es bedeutet, sich nicht für jede Schwäche zu bestrafen, sondern sie als Teil des eigenen Seins zu akzeptieren.

Selbstliebe ist die Fähigkeit, sich Pausen zu erlauben, sich nicht ständig zu überfordern und sich selbst mit der gleichen Freundlichkeit zu begegnen, die man anderen entgegenbringt. Sie zeigt sich in den kleinen Entscheidungen des Alltags – in der Art, wie man mit sich selbst spricht, in der Geduld, die man für sich selbst aufbringt, und in der Vergebung, die man sich selbst schenkt.

Es gibt Tage, an denen Selbstliebe bedeutet, sich aufzuraffen, weiterzumachen, auch wenn die Motivation fehlt. Und dann gibt es Tage, an denen sie bedeutet, sich selbst Ruhe zu gönnen, sich nicht zu zwingen, stark zu sein, sondern einfach nur zu sein. Sich selbst lieben zu lernen, ist eine Entscheidung, die man immer wieder aufs Neue trifft – nicht nur an den guten Tagen, sondern gerade an den schwierigen. Und auch wenn es nicht immer leicht ist, lohnt es sich jeden Tag aufs Neue.

Neuanfang & Loslassen

Loslassen ist eines der schwersten Dinge im Leben. Es bedeutet, sich von Dingen zu trennen, an die man geglaubt hat, von Menschen, die einmal alles waren, von Träumen, die sich nicht so erfüllt haben, wie man es sich gewünscht hatte. Doch manchmal müssen wir loslassen, nicht weil wir es wollen, sondern weil es die einzige Möglichkeit ist, um Platz für Neues zu schaffen.

Ein Neuanfang ist selten einfach. Er bedeutet Unsicherheit, Angst vor dem Unbekannten, den Mut, alte Wege hinter sich zu lassen. Er bedeutet, sich bewusst dafür zu entscheiden, nicht in der Vergangenheit zu verharren, sondern dem Leben zu vertrauen. Ein Neuanfang ist kein Vergessen, sondern ein Weitergehen. Es heißt nicht, dass das Alte keine Bedeutung mehr hatte – im Gegenteil, es war ein Teil von uns, ein Kapitel, das uns geformt hat. Doch irgendwann müssen wir umblättern, auch wenn es schmerzt.

Wir nehmen all unsere Erinnerungen mit, all die Lektionen, die wir gelernt haben. Sie sind unser Fundament. Doch wir lassen zu, dass das Leben uns neue Geschichten schreibt. Denn nur wer loslässt, kann wirklich frei sein.

Einsamkeit & Alleinsein

Es gibt nichts Erdrückenderes als das Gefühl, allein zu sein, wenn man sich nach Nähe sehnt. Wenn man das Bedürfnis hat, verstanden zu werden, aber niemand da ist, der zuhört. Wenn Stille nicht beruhigend, sondern laut ist, weil sie mit all den unausgesprochenen Gedanken gefüllt ist, die man niemandem anvertrauen kann.

Doch es gibt auch eine andere Seite der Einsamkeit – eine, die nicht bedrückend, sondern befreiend ist. Es gibt Momente, in denen das Alleinsein nicht Leere bedeutet, sondern Raum für sich selbst. Es gibt eine Stärke darin, mit sich selbst Zeit zu verbringen und zu erkennen, dass man nicht ständig von anderen Menschen definiert werden muss.

Einsamkeit kann einen auffressen, wenn man sich gegen sie wehrt. Doch manchmal hilft es, sie anzunehmen. Zu verstehen, dass wir nicht immer auf jemanden warten müssen, um vollständig zu sein. Dass wir in uns selbst das Zuhause finden können, das wir so oft im Außen suchen. Denn wer mit sich selbst im Reinen ist, kann auch in der Stille Frieden finden. Und vielleicht ist das Alleinsein dann kein Mangel mehr, sondern eine Möglichkeit, sich selbst wirklich kennenzulernen.

Vertrauen nach Enttäuschungen 🔐

Jedes Mal, wenn wir verletzt werden, bauen wir eine neue Mauer. Manchmal wird sie so hoch, dass wir niemanden mehr durchlassen. Wir glauben, dass wir uns schützen, indem wir niemandem mehr nahekommen. Doch in Wahrheit verbauen wir uns damit nicht nur den Schmerz, sondern auch die Möglichkeit, etwas Echtes zu fühlen. Vertrauen ist eines der wertvollsten Dinge, die wir geben können – und eines der schwersten, wenn wir es einmal verloren haben.

Es ist leicht, sich zurückzuziehen, sich selbst einzureden, dass es sicherer ist, niemanden mehr an sich heranzulassen. Doch wenn wir das tun, berauben wir uns selbst der schönsten Erfahrungen, die das Leben für uns bereithält. Nicht jeder Mensch wird uns enttäuschen. Nicht jede neue Begegnung wird zu einer weiteren Narbe. Manchmal bedeutet Vertrauen, ein Risiko einzugehen, die Vergangenheit nicht als Maßstab für die Zukunft zu nehmen und dem Leben eine neue Chance zu geben.

Es wird Überwindung kosten, das Herz erneut zu öffnen. Vielleicht wird es sich sogar unmöglich anfühlen.

Nirgendwo wirklich ankommen 🧍

Ich habe oft das Gefühl, zwischen den Welten zu stehen. Immer auf der Suche nach einem Zuhause, das nicht nur aus vier Wänden besteht, sondern nach einem Gefühl von Angekommen sein. Ein Ort, an dem ich mich nicht erklären muss, an dem ich nicht zwischen Erwartungen und Kompromissen gefangen bin. Doch was, wenn dieses Gefühl gar nicht an einen bestimmten Ort gebunden ist, sondern in mir selbst liegt?

Es gibt Momente, in denen ich mich vollkommen verloren fühle – als würde ich durch das Leben treiben, ohne festen Halt, ohne klare Richtung. Ich frage mich dann, ob ich jemals irgendwo wirklich ankommen werde. Ob ich jemals das Gefühl haben werde, dass ich nicht weiterziehen muss, dass ich nicht mehr suchen muss. Doch vielleicht geht es genau darum: nicht anzukommen, sondern sich immer wieder neu zu finden.

Vielleicht sind wir nicht dafür gemacht, stillzustehen. Vielleicht ist das Leben ein ewiges Unterwegssein, eine Reise, die uns immer wieder neue Wege zeigt. Vielleicht sind wir nicht dazu bestimmt, an einem einzigen Ort zu verweilen, sondern dazu, Erfahrungen zu sammeln, Erinnerungen zu schaffen und uns weiterzuentwickeln.

Und vielleicht ist das auch gut so. Denn solange wir suchen, wachsen wir. Solange wir uns bewegen, erleben wir. Solange wir unterwegs sind, lernen wir, dass das Gefühl von Heimat nicht immer an einen festen Ort gebunden ist – sondern an die Menschen, die uns begleiten, an die Momente, die uns berühren, und an das Vertrauen, dass wir genau dort sind, wo wir gerade sein sollen.

Die Macht der Worte

Worte können heilen oder zerstören. Ich habe beides erlebt. Manchmal sind es nicht die lauten, sondern die leisen Sätze, die sich für immer in uns eingraben. Ein beiläufig dahingesagtes Wort, eine Bemerkung, die vielleicht gar nicht böse gemeint war – und doch bleibt sie haften, wiederholt sich in unseren Gedanken, gräbt sich tief in unser Selbstbild ein. Manchmal reichen wenige Worte, um ein Herz zu brechen oder eine Wunde zu hinterlassen, die auch Jahre später noch schmerzt.

Doch Worte haben nicht nur die Kraft zu verletzen. Sie können Trost spenden, Hoffnung schenken, Türen öffnen, die längst verschlossen, schienen. Ein Einfaches „Ich verstehe dich" kann jemanden auffangen, der sich verloren fühlt. Ein „Ich bin stolz auf dich" kann einem Menschen Mut machen, weiterzugehen. Worte formen unsere Realität – die Art, wie wir uns selbst sehen, wie wir andere wahrnehmen, wie wir die Welt um uns herum verstehen.

Wir sollten vorsichtiger damit sein, was wir sagen – zu anderen, aber auch zu uns selbst. Denn oft sind die verletzendsten Worte nicht die, die wir hören, sondern die, die wir uns selbst zuflüstern. Unsere innere Stimme kann unser größter Feind oder unser stärkster Verbündeter sein. Sie kann uns antreiben oder lähmen, uns aufbauen oder zerstören.

Der Mut, verletzlich zu sein 🩶

Wir alle tragen Mauern um uns herum. Manche sind hoch und fest, andere nur ein dünner Schutzschild, durch den wir vorsichtig hindurchblicken. Wir haben sie gebaut, weil wir verletzt wurden, weil wir Angst haben, dass jemand unser Innerstes sieht – das Chaos, die Unsicherheiten, die Narben, die wir uns nicht eingestehen wollen.

Doch echte Nähe entsteht erst, wenn wir den Mut haben, verletzlich zu sein. Wenn wir zulassen, dass jemand uns sieht, genauso, wie wir sind – mit all unseren Fehlern, all unseren Zweifeln. Es ist riskant, ja. Nicht jeder Mensch wird behutsam mit unserer Offenheit umgehen. Manche werden uns verletzen, uns fallen lassen. Aber manche werden bleiben. Manche werden uns genau in unserer Zerbrechlichkeit lieben – und uns zeigen, dass wir nie perfekt sein mussten, um es wert zu sein.

Verletzlichkeit bedeutet nicht Schwäche. Sie bedeutet, sich selbst treu zu bleiben, auch wenn die Welt uns sagt, wir sollen härter werden. Sie bedeutet, das eigene Herz nicht hinter Masken zu verstecken, sondern sich auf echte Begegnungen einzulassen. Verletzlichkeit ist der Beweis, dass wir noch fühlen – und fühlen bedeutet leben. Wenn wir immer nur Mauern um uns herum aufbauen, schützen wir uns vielleicht vor Schmerz, aber auch vor den tiefsten, schönsten Erfahrungen. Wer das Risiko eingeht,

verletzt zu werden, gibt sich auch die Chance, wirk-
lich geliebt zu werden.

Die Kunst des Wartens 

Wir verbringen so viel Zeit damit, zu warten. Auf den richtigen Moment, den richtigen Menschen, die richtige Gelegenheit. Wir glauben, dass das Leben erst dann wirklich beginnt, wenn sich alles so fügt, wie wir es uns erträumen. Doch was, wenn das Leben genau jetzt stattfindet – in der Zwischenzeit?

Warten kann lähmen, kann uns das Gefühl geben, dass wir feststecken. Wir zählen die Tage, die Stunden, die Augenblicke, als wären sie bloß eine lästige Wartezeit, die wir überstehen müssen. Doch vielleicht geht es nicht darum, geduldig auszuharren, sondern darum, das Beste aus der Zeit dazwischen zu machen. Vielleicht müssen wir aufhören zu denken, dass das Glück immer irgendwo in der Zukunft liegt. Vielleicht beginnt es genau hier – mitten im Warten.

Es ist schwer, zu akzeptieren, dass manche Dinge Zeit brauchen. Dass manche Türen erst dann aufgehen, wenn wir bereit sind, hindurchzugehen. Dass manche Antworten erst dann kommen, wenn wir aufgehört haben, sie zu erzwingen. Doch genau darin liegt die Kunst des Wartens: sich nicht in Ungeduld zu verlieren, sondern das Leben trotzdem bewusst zu leben. Denn wenn wir nur auf das „Irgendwann" hoffen, verpassen wir vielleicht das „Jetzt".

Was bleibt, wenn alles vergeht? 🌿

Menschen kommen und gehen. Gefühle verblassen. Orte, die einmal Heimat waren, fühlen sich plötzlich fremd an. Nichts bleibt, wie es war – und genau das macht uns Angst. Wir halten fest an dem, was wir lieben, in der Hoffnung, es nie zu verlieren. Doch irgendwann müssen wir loslassen.

Aber was bleibt wirklich, wenn alles vergeht? Erinnerungen. Die Spuren, die jemand in unserem Leben hinterlassen hat. Die Momente, die uns geprägt haben. Und vielleicht bleibt auch ein Teil von ihnen in uns – nicht als Schmerz, sondern als leises Echo, das uns daran erinnert, dass es all das wert war.

Manchmal wünschen wir uns, wir könnten bestimmte Zeiten unseres Lebens festhalten. Wir sehnen uns nach der Sicherheit von Vertrautem, nach Menschen, die nicht mehr da sind, nach Gefühlen, die irgendwann nachgelassen haben. Doch das Leben ist Veränderung, und in dieser Veränderung liegt auch die Schönheit. Was bleibt, wenn alles vergeht? Vielleicht nur die Gewissheit, dass wir gelebt haben. Und vielleicht ist das genug.

Wenn die Vergangenheit ruft 🕰️

Wir glauben oft, dass wir über Dinge hinweg sind, bis die Vergangenheit plötzlich wieder an unsere Tür klopft. Ein Lied, ein Ort, ein vertrauter Geruch – und auf einmal sind wir zurück in einer Zeit, die wir längst hinter uns gelassen haben.

Manchmal fühlt es sich an, als hätte die Vergangenheit immer noch Macht über uns. Als würde sie uns einholen, gerade dann, wenn wir glauben, sie endgültig hinter uns gelassen zu haben. Doch vielleicht ist sie nicht da, um uns zurückzuziehen, sondern um uns zu erinnern. Erinnern daran, wer wir einmal waren. Erinnern daran, was wir durchgestanden haben.

Die Vergangenheit ist ein Echo – manchmal leise, manchmal so laut, dass es schmerzt. Aber sie muss uns nicht bestimmen. Wir dürfen uns von ihr berühren lassen, ohne uns von ihr einfangen zu lassen. Sie ist ein Teil von uns, ja, aber sie ist nicht das, was uns definiert. Wir haben die Wahl, wie viel Raum wir ihr noch geben. Denn das Leben findet im Jetzt statt.

Leben in der Zwischenzeit 🏃

Es gibt Zeiten im Leben, in denen nichts sicher scheint. Zeiten, in denen wir zwischen zwei Kapiteln festhängen, nicht mehr das Alte, aber auch noch nicht ganz das Neue. Diese Phasen können sich endlos anfühlen – als würde das Leben warten, bis wir endlich ankommen.

Doch was, wenn es gar nicht ums Ankommen geht? Was, wenn diese Zwischenzeit genauso wertvoll ist wie die großen Entscheidungen und Wendepunkte? Vielleicht sind es genau diese ungewissen Momente, in denen wir uns selbst wirklich kennenlernen. Vielleicht liegt das wahre Leben nicht nur in den Zielen, sondern in dem, was dazwischen passiert.

Diese Zeiten fordern Geduld. Sie lehren uns, mit Unsicherheit umzugehen, mit Fragen zu leben, auf die wir noch keine Antwort haben. Aber sie zeigen uns auch, dass wir stärker sind, als wir denken. Dass wir weitergehen können, auch wenn wir den Weg noch nicht ganz sehen. Vielleicht müssen wir nicht immer wissen, wo es hingeht. Vielleicht reicht es, einfach weiterzulaufen.

Nicht genug. Nie genug.

Seit ich sechs Jahre alt bin, begleitet mich dieser Kampf. Ich erinnere mich nicht daran, wann genau es angefangen hat – nur daran, dass ich schon als Kind dachte, mein Körper sei falsch. Dass ich zu viel sei. Zu rund, zu weich, zu sichtbar.

Ich habe nie mit meinen Eltern darüber gesprochen. Vielleicht, weil ich wusste, dass sie es nicht verstehen würden. Vielleicht, weil ich selbst nicht genau verstand, warum dieses Gefühl so tief in mir verwurzelt war. Nur wenige Freundinnen kennen meine Wahrheit – und selbst ihnen habe ich nie das ganze Ausmaß erzählt.

Mit 38 kämpfe ich immer noch. Ich habe mich nie ganz annehmen können, habe nie das Gefühl gehabt, in meinem eigenen Körper zu Hause zu sein. Wenn ich in den Spiegel sehe, sehe ich nicht das, was andere sehen. Ich sehe Fehler. Zu viel an den falschen Stellen, zu wenig an den Richtigen. Eine Zahl auf der Waage, die entscheidet, ob ich mich selbst ertragen kann oder nicht.

Es gibt Phasen, in denen ich mich besser fühle. In denen ich glaube, dass ich mich akzeptieren kann. Doch dann kommt die Liebe, oder das, was ich für Liebe halte, und mit ihr kehrt die Angst zurück. Die Angst, nicht genug zu sein. Nicht schön genug, nicht dünn genug, nicht begehrenswert genug. Und dann beginnt es wieder – das Zählen, das Hungern, das Erbrechen. Die Scham danach. Die Versprechen an mich selbst, es nie wieder zu tun. Und das Brechen dieser Versprechen.

Ich weiß, dass das Schönheitsideal eine Lüge ist. Ich weiß, dass mein Wert nicht in einer Kleidergröße steckt. Ich sage es mir selbst. Immer und immer wieder. Aber mein Körper und mein Kopf sprechen unterschiedliche Sprachen.

Ich wünsche mir, dass ich eines Tages Frieden schließen kann. Mit mir. Mit meinem Körper. Mit der Angst, nicht genug zu sein.

Doch heute bin ich noch nicht so weit.

Eine Sonne, die nicht mehr scheint 

Sonja. Oder besser gesagt: Sonne. So haben wir dich immer genannt, weil du Licht in unser Leben gebracht hast, selbst wenn du selbst längst in der Dunkelheit gefangen warst.

Du warst eine dieser Seelen, die man nicht vergisst. Zerbrechlich und doch so stark. Laut lachend, auch wenn das Lachen nicht immer echt war. Ich habe es oft gesehen – dieses kurze Flackern in deinen Augen, wenn du dachtest, niemand bemerkt es. Dieses müde Blinzeln, wenn deine Kraft wieder nachließ.

Ich wusste, dass du kämpfst. Ich wusste, dass du dich selbst langsam verloren hast. Und doch habe ich geglaubt, gehofft, gebetet, dass du irgendwann einen Weg aus dieser Krankheit finden würdest. Dass du erkennen würdest, wie sehr du geliebt wurdest. Wie sehr wir dich gebraucht haben.

Aber im November 2023 hat die Magersucht dich endgültig besiegt. Und ich kann bis heute nicht verstehen, wie es so weit kommen konnte. Oder vielleicht verstehe ich es nur zu gut. Vielleicht, weil ich selbst weiß, wie laut diese Stimme im Kopf sein kann. Wie gnadenlos sie flüstert, dass man nie genug ist.

Ich frage mich oft, ob ich mehr hätte tun können. Ob ich hätte lauter sein sollen. Ob ich dich hätte retten können, wenn ich es nur *richtig* gemacht hätte. Doch ich weiß auch, dass du nicht gerettet werden wolltest. Dass die Krankheit so tief in dir saß, dass selbst unsere Liebe nicht stark genug war, um sie zu vertreiben.

Es tut weh. Es tut weh, dass du nicht mehr da bist. Dass wir nie wieder miteinander lachen werden. Dass ich nicht mehr hoffen kann, dass du es eines Tages schaffst.

Aber weißt du, was mir am meisten wehtut? Dass du nie gesehen hast, wie wundervoll du warst. Dass du nie geglaubt hast, dass du genug bist.

Sonne, du fehlst mir. Jeden Tag.

Silence Speaks Louder Than Words

Ich starre auf mein Handy, meine Finger zittern leicht, während ich seine Nachricht immer und immer wieder lese. Vielleicht habe ich mich verlesen. Vielleicht habe ich ihn falsch verstanden. Vielleicht… aber nein. Da steht es. Schwarz auf weiß.

„Ich merke aber auch, dass ich teilweise das Bedürfnis hätte, etwas ‚zu machen'."

Ich spüre, wie mir die Luft wegbleibt. Mein Brustkorb fühlt sich an, als würde er in sich zusammenfallen, als hätte jemand mit bloßen Händen nach meinem Herzen gegriffen und es mit einem einzigen Satz zusammengedrückt.

All die Worte, die er mir gesagt hat – „Ich bin exklusiv mit dir", „Ich hab dich lieb", „Ich freue mich auf Mai" – was waren sie wert? Waren sie je echt gewesen? Oder hatte ich mich in einem Traum gesuhlt, den nur ich geträumt habe?

Ich versuche mich zu sammeln. Tief durchzuatmen. Doch es geht nicht. In meinem Kopf rattert es.

Er hatte also Exklusivität mit mir – aber nur, weil es sich gerade so ergeben hat.
Er hatte mich lieb – aber nicht genug, um zu wissen, was das bedeutet.
Er freute sich auf Mai – aber nur, solange nichts Besseres dazwischenkam.

Ich sehe ihn vor mir, an Deck seines Schiffes, mit diesem schelmischen Lächeln, das ich so oft gesehen habe. Wie er seinen Kopf leicht zur Seite legt, während er mit jemand anderem spricht. Eine andere Frau? Habe ich mir das alles eingebildet? Oder hat er sich längst seine Optionen offengehalten, während ich dachte, wir wären ein „Wir"?

Jetzt wird mir klar, warum er nicht wollte, dass ich ihn auf dem Schiff besuche. Es hätte nicht gepasst, mich dort zu haben. Ich hätte zu viel gesehen. Ich hätte gespürt, dass ich nicht die Einzige war, die er mit seinem Charme gefüttert hat.

Es brennt in mir. Ich will ihm schreiben. Will ihm meine Wut entgegenschleudern. Will ihn fragen, wie zur Hölle er es geschafft hat, mich so zu belügen, mich so lange in dieser Illusion festzuhalten.

Ich könnte ihm schreiben.

Ich könnte ihm sagen, dass ich seine Spielchen durchschaue. Dass ich es unfassbar respektlos finde, dass er mir erst Exklusivität verspricht, nur um dann zuzugeben, dass er schon längst mit dem Gedanken gespielt hat, sich „etwas zu machen". Dass er mich damit genauso austauschbar macht wie die Frauen, die er sich vielleicht längst ansieht.

Aber dann halte ich inne.

Warum?

Warum sollte ich ihm noch ein einziges verdammtes Wort schenken?

Ich schulde ihm nichts mehr. Keine Erklärung, keine Wut, kein Drama. Ich werde nicht die Frau sein, die er sich später als „die, die durchgedreht ist" in Erinnerung ruft. Ich werde nicht diejenige sein, die um Klarheit kämpft, während er schon längst entschieden hat, dass ich nur eine Zwischenstation war.

Silence speaks louder than words.

Er wird meine Stille hören. Sie wird in seinen Gedanken nachhallen, wenn er in seiner Koje liegt. Sie wird ihn in den ruhigen Momenten einholen, wenn er auf das endlose Blau des Ozeans blickt.

Er wird sich fragen, warum ich nichts mehr sage.

Er wird sich fragen, ob ich wütend war. Ob ich verletzt war.

Und dann wird er vielleicht irgendwann begreifen:

Ich war all das. Und dann war ich weg.

Outro

Gefühle sind ungeschliffen, roh und manchmal schwer zu greifen. Dieses Buch ist eine Sammlung von Momenten, die das Leben geformt hat – in seinen schönen und schmerzhaften Facetten. Vielleicht hast du dich in einigen Zeilen wiedergefunden, vielleicht hast du eine Stimme für Gedanken entdeckt, die du selbst nie ganz aussprechen konntest.

Worte haben eine besondere Kraft. Sie können heilen, Brücken bauen oder einfach nur ein Gefühl festhalten, bevor es verblasst. Dieses Buch war mein Versuch, all das einzufangen. Und wenn es dich berührt hat, dich zum Nachdenken gebracht oder dir das Gefühl gegeben hat, nicht allein zu sein, dann hat es seinen Zweck erfüllt.

Danke, dass du mich auf dieser Reise begleitet hast. Vielleicht sehen wir uns zwischen den Zeilen irgendwann wieder.

Mit ehrlichen Gedanken,

Liv Anders

Über die Autorin – Liv Anders

 Liv Anders schreibt über das, was uns alle bewegt: Gefühle, Verlust, Hoffnung und die Suche nach einem Zuhause – in der Welt, in anderen Menschen und in sich selbst. Ihre Texte sind ungeschönt, echt und roh – eine Einladung, sich selbst in ihnen wiederzufinden.

Liv hat früh gelernt, dass das Leben selten geradeaus verläuft. Dass es Brüche gibt, Abschiede, Momente, in denen alles zu viel ist – und doch immer wieder Neuanfänge. Schreiben wurde für sie ein Weg, all das zu verarbeiten, Gedanken zu ordnen und Worte für das zu finden, was oft unausgesprochen bleibt.

Ihre Geschichten und Reflexionen handeln von Liebe, Verlust, Freundschaft und dem Mut, verletzlich zu sein. Sie sind für all jene, die fühlen – manchmal zu viel, manchmal zu stark – und die dennoch nicht aufhören, an das Gute zu glauben.

Mit ihrem Debüt „Gefühlsecht" gibt Liv Anders einen Einblick in die Tiefen des Menschseins – ohne Schönrederei, aber mit viel Herz.

Deine Gedanken & Notizen ✍️📖

Manchmal lesen wir etwas, das uns nicht mehr loslässt. Ein Satz, ein Gefühl, eine Erinnerung, die sich in uns festsetzt und uns begleitet. Vielleicht hast du in diesem Buch Worte gefunden, die in dir etwas bewegt haben – oder Gedanken, die du selbst festhalten möchtest.

Diese Seiten sind für dich. Für deine Notizen, für deine Gedanken, für all das, was du dir selbst sagen möchtest.

Manchmal hilft es, Worte zu schreiben, die man nicht laut aussprechen kann. Und vielleicht findest du hier einen Raum, in dem du genau das tun kannst.

Was fühlst du? Was bleibt? Was möchtest du nicht vergessen?

Schreib es auf. Es gehört dir.

Oder schreib es mir unter livanders@web.de